Agustín Moreto

Baile de la chillona

Barcelona 2024
Linkgua-ediciones.com

Créditos

Título original: Baile de la chillona.

© 2024, Red ediciones S.L.

e-mail: info@Linkgua-ediciones.com

Diseño de cubierta: Michel Mallard.

ISBN rústica: 978-84-9816-041-3.
ISBN ebook: 978-84-9816-210-3.

Sumario

Brevísima presentación

La vida

Agustín Moreto y Cabaña. (Madrid, 1618-Toledo, 1669). España.

Sus padres eran italianos. Fue capellán del arzobispo de Toledo y tuvo una vida tranquila. Alcanzó una notable popularidad en los siglos XVII y XVIII. Escribió comedias de carácter religioso, tradición histórica y costumbres. La edición completa de sus obras se publicó en tres partes en los años 1654, 1676 y 1681.

Personajes

Añasco
La Bolichera
La Chillona
La Chispa
Juana

Baile de la chillona

(Salen la Chillona y Añasco.)

Añasco   Vuélveme a dar esos brazos
Chillona, a quien la Rubilla
por otro nombre llamaron
los de la Jacarandina.
Doyte el parabién mil veces
de tu buen suceso, y fía
que de la galera sales,
¡a Dios gracias! buena y limpia,
tanto, que para Ocasión
has quedado tan raída

(Cantando.)   que no te asirá de un pelo
el oficial de la villa.

Chillona   Como te dejé en la cárcel,
y a la primera visita,
Añasco, te desahuciaron;
juzgué, en buena hora lo diga,
que ya la plaza ocupabas,
racimo de las tres vigas:

(Canta.)   desván de los sombrereros,
de viejo y panadería.

Añasco   Del príncipe el nacimiento
me indultó, que por mi vida
ya no daba un cohombro,
y, aunque, fuera tan bien vista
mi muerte, y quedaba airoso,

(Canta.)	dime, ¿no fuera ignominia, que se ahorcara un hombre, porque nazca un príncipe en Castilla?
Chillona	Alíviense tus trabajos pues que los míos se alivian, reparemos las personas, y, compadre, por las vidas mía y suya, que excusemos, que canten por las esquinas.

(Salen la Chispa y la Bolichera cantando, y Juana. Han de cantar las dos estos versos.)

Las dos	«A la Chillona se queja Añasco de sus desdichas.»
Chillona	¿Qué es esto?
Juana	Llegan a verte las tres de la airada vida.
Juana	La Chispa.
Bolichera	La Bolichera.
Juana	Y Juana, la Golondrina, que soy yo, por quien cantaron en aquella jacarilla:

(Cantan.)

Las tres	«Con el mulato de Andújar sollozando está Juanilla.»
Juana	¡Qué fuera de la galera te veo!
Chillona	¡Ay mi querida! esa frase de galera múdame en la galería, y dándola este rebozo, como de disculpa sirva, será dorar mi galera, porque en estrados no digan:
(Canta.)	En la galera otra vuelta rapada está la Rubilla.
Juana	Con todo, sales hermosa y buena, ¡Dios te bendiga!
Chillona	Yo siempre he sido una araña, pero es tal la suerte mía
(Canta.)	que aunque esté desaliñada, estoy siempre bien prendida. No correspondió la sala conmigo como debía.
Añasco	Sala sin correspondencias,

no es buena [para] visitas.

(Cantan.)

Chillona   «Sin ser tambor, la baqueta
                me hizo doscientas...»

Juana   Vejigas!

Chillona   Y el privilegio sellado
                traigo en las espaldas.

Bolichera   ¡Chispas!

(Canta.)

Chillona   «¡Ay, quedito, que duele
                quedito que duele!
                eso es darme con ella
                el golpe de muerte.»

(Representando.)   El pelo me lo rifaron
                entre cuatro, y fue la risa,
                juego de rápalo-todo
                y lleváronselo...

Añasco   ¡Avispas!

(Canta.)

Chillona   «¡Ay, quedito, que duele,
                quedito que duele!

	Eso es darme con ella y el golpe de muerte.»
(Representado.)	Porque mi castigo vean, que fue un rigor de justicia, para disculpar mis causas, pues las sabéis, referidlas.
(Canta.)	
Juana	«Del Argel de un miserable, cien doblones sacó.»
Chillona	Digan: ¿No es el redimir cautivos una de las obras pías?
(Canta.)	
Juana	«A un pastelero, la mosca le quitó.»
Chillona	Esta causa es limpia, porque no parece bien la mosca en pastelerías.
(Canta.)	
Bolichera	«A una pastelera boba, pescó cuatro sortijillas.»
Chillona	Pescando a la pastelera

no fue mala bobería.

(Cantan.)

Añasco	«A un letrado, una presea su buen parecer tenía.»
Chillona	«Si tomé su parecer ¿de qué el letrado se indigna?»
Los dos	«La sala lo ha castigado por aquesta florecilla.»
Chillona	Y deja con tantas flores
Añasco	¡Andújar!
Chillona	¿Qué dice?
Juana	Andújar
Chillona	¿Qué manda? Vaya de gira, y fiesta que todo es chanza. Por lo Hurtado, Señores, soy buena hidalga.
Añasco	Doscientos lo pregonan a tus espaldas.
Juana	¡Andújar!

Chillona	¿Qué dice?
Bolichera	¡Andújar!
Chillona	¿Qué manda?
Todos	Vaya de gira y fiesta que todo es chanza
Chillona	De la galera, limpia salió mi fama; sacudiéronla el polvo, que la entrapaba.
Añasco	¡Andújar!
Chillona	¿Qué dice?
Juana	¡Andújar!
Chillona	¿Qué manda?
Todos	Qué demos fin al baile que todo es chanza.

Fin del baile

Libros a la carta

A la carta es un servicio especializado para
empresas,
librerías,
bibliotecas,
editoriales
y centros de enseñanza;
y permite confeccionar libros que, por su formato y concepción, sirven a los propósitos más específicos de estas instituciones.

Las empresas nos encargan ediciones personalizadas para marketing editorial o para regalos institucionales. Y los interesados solicitan, a título personal, ediciones antiguas, o no disponibles en el mercado; y las acompañan con notas y comentarios críticos.

Las ediciones tienen como apoyo un libro de estilo con todo tipo de referencias sobre los criterios de tratamiento tipográfico aplicados a nuestros libros que puede ser consultado en Linkgua-ediciones.com.

Linkgua edita por encargo diferentes versiones de una misma obra con distintos tratamientos ortotipográficos (actualizaciones de carácter divulgativo de un clásico, o versiones estrictamente fieles a la edición original de referencia).

Este servicio de ediciones a la carta le permitirá, si usted se dedica a la enseñanza, tener una forma de hacer pública su interpretación de un texto y, sobre una versión digitalizada «base», usted podrá introducir interpretaciones del texto fuente. Es un tópico que los profesores denuncien en clase los desmanes de una edición, o vayan comentando errores de interpretación de un texto y esta es una solución útil a esa necesidad del mundo académico.

Asimismo publicamos de manera sistemática, en un mismo catálogo, tesis doctorales y actas de congresos académicos, que son distribuidas a través de nuestra Web.

El servicio de «libros a la carta» funciona de dos formas.

1. Tenemos un fondo de libros digitalizados que usted puede personalizar en tiradas de al menos cinco ejemplares. Estas personalizaciones pueden ser de todo tipo: añadir notas de clase para uso de un grupo de estudiantes, introducir logos corporativos para uso con fines de marketing empresarial, etc. etc.

2. Buscamos libros descatalogados de otras editoriales y los reeditamos en tiradas cortas a petición de un cliente.